RELATION DE L'ENTREPRISE

DU PRINCE

Napoleon - Louis Bonaparte.

RELATION DE L'ENTREPRISE

DU PRINCE

Napoleon-Louis Bonaparte

ET DES

MOTIFS QUI L'Y ONT DÉTERMINÉ

PAR

F. DE PERSIGNY,

Aide-de-Camp du Prince dans la journée du 30 Octobre 1836.

Malheur aux vaincus, mais honneur
aux intentions nobles et pures!

Stuttgart.

CHEZ **G. L. FRIZ**, IMPRIMEUR.

1838.

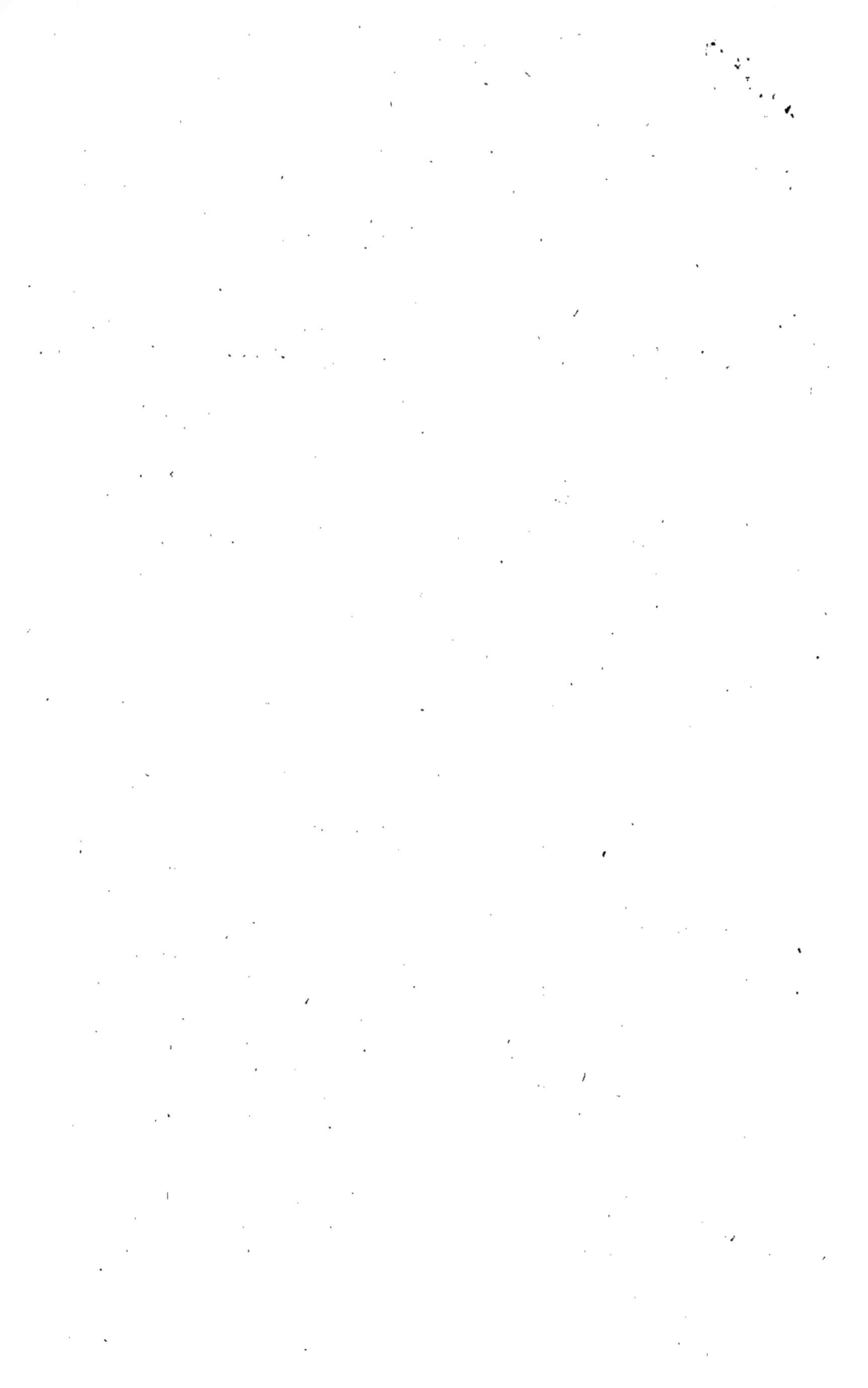

Le prince Napoléon-Louis Bonaparte en commençant sa noble entreprise avait l'ame préparée à tous les coups de la fortune. Bien convaincu que sa vie servait d'enjeu à ses projets, il en avait fait le sacrifice. Un malheur plus grand lui était réservé. Par une résolution du pouvoir qu'il est facile d'apprécier, il devait être enlevé à ses compagnons d'infortune. Sous le prétexte de sa naissance princière on devait lui ravir l'unique occasion de rendre compte à ses concitoyens de sa conduite et de ses projets. Il lui a fallu partir pour une région lointaine laissant derrière lui ses actes dénaturés, ses intentions méconnues et calomniées, ses amis privés dans les débats dé l'appui de ses dépositions et de la consolation de sa présence. La mort n'est rien auprès de pareilles douleurs. Si son ame est restée inébranlable, combien son coeur a dû être brisé! Ceux qui l'ont connu dans l'intimité peuvent seuls comprendre ce qu'il doit souffrir.

Cependant dans ces tristes circonstances un hazard heureux a permis à quelques officiers du Prince d'échapper aux poursuites dont ils sont l'objet. Un d'eux plus particulièrement nourri de sa pensée et honoré de sa confiance a touché le sol d'un pays libre où le malheur trouve aujourd'hui une noble hospitalité. C'est à lui qu'il appartient de répondre aux calomnies dont chaque parti accable un prince malheureux par le récit fidèle de ses pensées et de ses projets.

Le prince Napoléon n'a jamais eu d'autre ambition que de servir la France. Cet amour de la patrie, nourri par une éducation liberale, fortifié par une instruction solide, entretenu par un esprit droit, exempt de préjugés des races princières, a toujours été sa seule passion. Sans cesse préocupé de cette patrie, qui n'existait pas pour lui, ni le bonheur de la vie domestique, ni les jouissances de la fortune, ni les plaisirs de la jeunesse ne pouvaient en distraire sa pensée. Le regret amer d'être étranger par position à cette France dont la gloire s'est confondue pendant vingt ans à la gloire de sa famille, voilà quel a été jusqu'ici le supplice de sa vie, et le secret de cette expression indéfinissable de tristesse qu'on remarquait en lui.

Sur une ame ainsi trempée la révolution de Juillet devait produire une forte impression. Le prince crut que le rêve de sa vie allait se réaliser, que la patrie au moins allait lui être rendue; il n'ambitionnait qu'elle.

Par le dernier exercice de la souveraineté nationale, par le plébiscite de l'an XII, le peuple français avait placé la couronne impériale sur la tête du vainqueur de Marengo ; par cet acte solennel il avait voulu aussi confier le dépôt de ses intérêts et de ses droits exposés á périr en passant si souvent de mains en mains, à la garde d'une famille nouvelle, sortie du peuple et par conséquent intéressée à conserver ce dépôt précieux. En 1814 et 1815, la trahison et les baïonnettes étrangères livrèrent la nation à la Sainte-Alliance ; le peuple ne fut plus consulté. Mais en Juillet 1830 la nation semblait être rentrée dans ses droits. Il était naturel de penser qu'elle allait être appelée à en reprendre l'exercice. Or, soit qu'elle ratifiât ce plébiscite de l'an XII, soit qu'elle adoptât une forme plus simple de gouvernement, quelle que fût enfin l'organisation politique qui dût résulter de cette convocation du peuple, la famille de Napoléon devait retrouver une patrie. Le gouvernement quel qu'il fût, soutenu de cette immense puissance de la sanction populaire, n'avait plus rien à craindre ni d'un nom, ni d'une famille , ni d'un parti. Le prince Napoléon crut alors qu'une belle vie, la vie de citoyen et de soldat français, allait commencer pour lui, et il s'en montra heureux et satisfait. Son erreur dura peu.

Le principe de la souveraineté du peuple qui avait

triomphé de la force militaire, échoua contre de misérables intrigues. A la faveur de l'enthousiasme général, produit par le retour du drapeau tricolore, un gouvernement s'organisa sans consulter la nation. Encore une fois le peuple fut dépouillé de ses droits légitimes et la famille de Napoléon fut de nouveau proscrite.

Le prince Napoléon-Louis ressentit profondément cette amère déception. Il comprit qu'il n'y avait plus de patrie pour sa famille tant que la voix du peuple ne serait pas consultée. Déjà frappé de cette communauté d'intérêts, de gloire, de prospérités et de revers qui exista pendant vingt ans entre le peuple français et la dynastie impériale — il le fut plus vivement encore de cette communauté nouvelle qui ne lui assurait une patrie que dans le triomphe de la cause populaire. Il se demanda alors si lui aussi il n'avait pas de devoirs à remplir envers ce peuple; si héritier du plus grand nom des temps modernes, il ne devait pas faire servir le prestige de ce nom à replacer la nation dans l'exercice de ses droits légitimes.

Le prince Napoléon avait la conviction profonde que tant qu'un vote général n'aurait pas sanctionné un gouvernement quelconque, les diverses factions agiteraient constamment la France, tandis que des institutions passées à la sanction populaire, choisies et créées volontairement par le peuple pouvaient seules amener

la résignation des partis et la paix véritable qu'il sou-
haitait à sa patrie. Cette opinion sur laquelle il avait
profondément médité, il l'expliquait à-peu-près en ces
termes dans ses conversations intimes: »Le temps des
»préjugés est passé. Le prestige du droit divin s'est
»évanoui avec les vieilles institutions féodales. Une
»ère nouvelle est commencée. Les peuples désormais
»sont appelés au libre développement de leurs facultés,
»mais dans cette impulsion générale imprimée à la
»civilisation moderne, qui réglera le mouvement? qui
»préservera le peuple des dangers de sa propre activité?
»Quel gouvernement sera assez puissant, assez respecté
»pour assurer à la Nation la jouissance de grandes
»libertés sans agitations, sans désordres? Il faut à un
»peuple libre un gouvernement revêtu d'une immense
»force morale, et que cette force soit proportionnée
»à la masse des libertés populaires. Sans cette con-
»dition absolue, le plus simple, le plus naturel exercice
»d'un droit général ou particulier peut compromettre
»tout à-la-fois l'existence du pouvoir et de la liberté.
»Le pouvoir privé d'un état moral suffisant, forcé par
»le besoin de sa conservation ne recule alors, pour se
»maintenir, devant aucun expédient, aucune illégalité.
»L'inertie du plus grand nombre effrayé d'un danger
»momentané, protége ces actes de nécessité heureux
»d'acheter au prix même de la violation des lois un

»peu d'ordre et de tranquillité, extrémité toujours fa-
»tale pour une grande nation qui tient à ses libertés.«

»Comment donc recréer la majesté du pouvoir?
»Où trouver un principe de force morale devant lequel
»s'inclinent les partis et s'annulent les résistances
»individuelles? Où chercher enfin le prestige du droit
»qui n'existe plus en France dans la personne d'un roi,
»d'un seul, si ce n'est dans le droit, dans la volonté de
»tous? C'est qu'il n'y a de force, il n'y a de puissance
»que là. Un gouvernement revêtu de la sanction de tout
»un peuple, peut seul concilier les partis; et comme
»seul il est populaire, seul son pouvoir est protecteur
»accepté, reconnu par tous et pour tous. Les hommes
»qui en 1830 ont méconnu ce principe ont trahi nos
»intérêts les plus sacrés. En négligeant de faire servir
»la souveraineté du peuple à l'établissement de l'ordre
»et de la liberté, ils ont préparé de grands malheurs
»pour l'avenir de la France et de l'Europe; d'autres s'en
»serviront peut-être pour produire le désordre et
»l'anarchie.«

Le prince Napoléon était profondément convaincu
de la vérité de ces grands principes, mais devant l'immense responsabilité qu'il voulait encourir, il avait besoin d'être fortifié par la démonstration pratique des
évènemens. Or, rien ne pouvait mieux confirmer son
opinion que la succession des faits accomplis depuis

cinq ans. Les émeutes de Paris et des Provinces, les évènemens dés 5 et 6 juin et du 14 avril, ceux de la Vendée, ceux de Lyon, de Grenoble et les agitations sans cesse renaissantes sur tous les points de la France, enfin l'attentat de Fieschi, tout lui démontrait qu'il ne s'était pas trompé sur l'état précaire d'un pouvoir mal établi. Et quand les partis, lassés de se faire battre isolément, cessèrent de troubler la tranquillité des rues, il ne se méprit pas sur leur prétendue résignation. Les complots et les attentats contre la vie du roi remplacèrent les émeutes. Le pouvoir se vit forcé chaque jour de chercher sa force dans un nouveau sacrifice de nos libertés, et s'il réussit un moment à désarmer les partis, il n'en rallia aucun. Ainsi ce n'était que pour obtenir une tranquillité factice qu'il avait compromis la dignité de la France en Europe.

Cependant le prince Napoléon hésitait encore. Il se demandait si cinq ans de possession n'avait pas donné quelques racines au pouvoir, si les partis de guerre lasse n'avaient pas abdiqué leurs prétentions et si le repos n'était pas devenu le seul désir de la nation, lorsqu'un nouvel attentat, celui d'Alibaud, vint tout-à-coup révéler l'état précaire de la France. Les premiers corps de l'état déclarèrent eux-mêmes qu'à la vie du roi seul tenait la tranquillité dont on jouissait et que sa mort eut été le signal des plus affreux désordres.

Preuve qu'une dynastie ne s'établit et ne se consolide jamais quand elle ne possède qu'une force matérielle. La conduite des souverains de l'Europe contribuait aussi à fortifier cette opinion. Puissamment intéressés à soutenir le cabinet des Tuileries, comment expliquer ce refus constant de se prêter à une alliance de famille si nécessaire à cette politique. L'attentat d'Alibaud fut une occasion solennelle où se montrèrent à nues toutes les plaies du pays. Dès ce moment la résolution du Prince fut arrêtée, il fut décidée à tout entreprendre pour sauver la France de grands malheurs et, convaincu de la haute moralité de ses projets, il n'hésita plus à dévouer sa vie à cette grande mission.

»Moi, je ne suis rien,« disait le Prince avec la modestie extrême qui fait partie de son caractère, »mais »le grand nom que j'ai l'honneur de porter rappellera »au peuple ses droits et sa souveraineté, et pour les lui »rendre, je ne dois employer d'autres armes que le »prestige de ce nom.« Le Prince ne doutait pas des sentimens du peuple. Les malheurs de 1814 et 1815 avaient montré tout ce qu'il y avait de sympathie pour l'empereur dans ce peuple héroïque qui combattit jusqu'au dernier moment sans jamais désespérer de la patrie. Les souvenirs de Paris, de l'Élisée, de l'Alsace, des Vosges, de la Franche - Comté, de la Champagne, de la Lorraine sont trop grands pour être oubliés. Il n'y avait pas á craindre que le peuple, reniant sa vieille religion, repoussa le neveu de Napoléon, héritier de son nom et de son épée. Le portrait de l'empereur placé dans toutes les chaumières en disait plus que tous les raisonnemens.

Le Prince n'ignorait pas non plus quelles étaient les dispositions de l'armée. Il en connaissait les secrètes sympathies. Des amis dévoués l'entretenaient de tout ce qui pouvait l'intéresser. Sans doute les cadres de cette armée avaient été formés par la restauration, mais les principaux élémens qui avaient concourus à cette formation sortaient des débris de l'armée de la Loire. La tradition impériale s'y était conservée et le feu sacré s'entretenait dans les causeries de la caserne. La révolution de Juillet en jetant dans l'armée soixante mille enrôlés volontaires, jeunes enthousiastes des écoles et des collèges y avait puissamment réveillé les sentimens populaires. Tous les renseignemens recueillis par les amis du Prince prouvaient que nos jeunes soldats étaient peu affectionnés au gouvernement, qu'ils étaient fidèles à la mémoire de Napoléon et que dans de grandes circonstances ils se souviendraient qu'ils sont les enfans des soldats de la grande-armée. D'ailleurs le Prince se rappelait très-bien qu'en 1832 toute l'armée était prête à proclamer le Duc de Reichstadt s'il se présentait à la frontière, et que sur l'impossibilité où se trouvait ce jeune Prince d'y arriver les chefs devaient accueillir son cousin, Napoléon-Louis, s'il était muni d'une simple lettre de la main de Napoléon II. La mort du Duc de Reichstadt fit avorter ce grand projet; mais comment douter après cela des sentimens de l'armée? Cependant il fallait connaître ses nouvelles dispositions. Un grand nombre d'officiers de tous grades et de toutes armes furent consultés; tous furent séduits de l'idée de voir à la tête de l'armée un jeune Bonaparte résumant en sa personne les souvenirs de la République et de l'Empire. Mais si un grand nombre d'entre eux croyaient à la réussite d'une entreprise de ce genre, un grand nombre aussi s'effrayait des difficultés qu'elle présentait. Quoique persuadés pour la plupart que le soulèvement d'une grande garnison disposerait l'armée à un soulèvement général, ils reconnaissaient aussi que rien n'était possible si le peuple ne prenait pas, en faveur du mouvement, une attitude très-énergique. Ce qui frappa dans toutes les conférences, ce fut le petit nombre de ceux qui parlèrent de leur fidélité à leurs sermens; et cela se conçoit; depuis quarante ans plus de dix gouvernemens se sont succédés en France. Le serment n'est devenu qu'une formule et n'a pu rester un engagement de l'honneur; aussi existe-t-il un grand nombre de Français, en plaçant même en première ligne ceux qui

entourent le roi qui ont juré fidélité à l'empereur et
à sa dynastie, et qui ne croient pas cependant forfaire
à l'honneur en servant un autre maître, et pourtant
beaucoup ont ajouté à l'oubli de leurs sermons politiques, l'oubli de bienfaits particuliers, tels que titres,
dotations, argent, enfin tout ce qui constitue des obligations personnelles. Quoiqu'il en soit, le résultat de
ces investigations fut que toute l'armée verrait avec
joie et enthousiasme le retour de l'aigle, mais que la
plupart des chefs de corps et autres officiers atten-
draient pour se déclarer des chances suffisantes de
succès et qu'il n'y aurait qu'un petit nombre d'officiers
très-énergiques capables de se mettre en avant. C'était
tout ce qu'on pouvait attendre et raisonnablement es-
pérer.

Il ne restait plus qu'à s'assurer des dispositions
des différens partis. Le prince eut à ce sujet des
conférences avec plusieurs hommes influents. Il lui
fut démontré que les opinions les plus extrêmes, quoique dans des intérêts contraires, s'entendraient toutes
sur le principe fondamentale de la souveraineté nationale. Que l'appel au peuple des républicains, la ré-
forme électorale de l'opposition parlamentaire, le vote
universel des royalistes accusaient une foi commune
à tous les partis. Quand on voit les fils des émigrés
de Coblence invoquer, à leur tour, la doctrine du vote

universel, n'est-il pas démontré que les principes de
la révolution de 1789 ont enfin pénétré dans toutes
les têtes et qu'il ne manque à la génération présente
qu'une occasion solennelle d'en faire l'application.
Alors seulement cette révolution sera terminée. Or,
qui pouvait mieux que le prince Napoléon aider à
l'accomplissement de cette grande oeuvre sociale, lui
dont le nom est une garantie de liberté pour les uns,
d'ordre pour les autres et un souvenir de gloire pour
tous?

Quant à l'attitude que prendrait le parti républicain à la nouvelle des premiers succès de l'entreprise,
il était important d'en être bien informés. Le prince
voulut connaître d'une manière précise, quelles pouvaient être les espérances et les intentions de ce
parti. Un illustre écrivain qu'une mort funeste a enlevé si jeune à la France, était alors par sa position,
son caractère et ses talens l'homme le plus capable
de bien juger de la situation des choses. Un ami du
Prince lui fut envoyé. C'était une mission délicate
et qui demandait les plus grands ménagemens. On
prit pour prétexte l'envoi du Manuel d'artillerie
du Prince. M. Carrel se montra républicain pur et
désintéressé, plein de cette noble ambition qui n'a
que la patrie pour objet. Il parut avoir peu de confiance dans une réalisation prochaine de ses idées.

»Le parti républicain, dit M. Carrel, renferme les élémens les plus actifs et les plus généreux de la société, mais il est miné par deux causes qui paralyseront long-temps ses efforts. La première est la faute commise par une jeunesse imprudente en exhumant des souvenirs d'une époque dont la moralité politique ne peut être appréciée par la foule; la seconde et la plus grande, c'est le manque d'un chef et l'impossibilité d'en improviser un dans les circonstances présentes.« — »Mais, répliqua l'envoyé du Prince, vos travaux, vos talens, votre caractère ne vous ont-ils pas déjà placé dans cette position?« — »La mort de Lafayette, reprit M. Carrel avec une modestie pleine des plus nobles sentimens, a fait jeter les yeux sur moi, mais croyez qu'il faut pour jouer un tel rôle le prestige de travaux plus grands, plus brillans surtout que les miens. Quand je ne puis parvenir à rallier un parti, comment me serait-il possible de les rallier tous?« Il fut alors question du Prince. »Les ouvrages politiques et militaires de Louis-Bonaparte,« dit l'écrivain républicain, »annoncent une forte tête et un noble caractère. Le nom qu'il porte est le plus grand des temps modernes, c'est le seul qui puisse exciter fortement les sympathies du peuple français. Si ce jeune homme sait comprendre les nouveaux intérêts de la France, s'il sait oublier ses droits de légitimité impériale, pour ne se rappeler que de la souveraineté du peuple, il peut être appelé à jouer un grand rôle.«

Cette conversation fidélement rapportée au Prince fut décisive. Le neveu de Napoléon avait désormais sa conviction formée sur tout ce qui intéressait sa mission. Il ne s'occupa plus qu'à préparer l'exécution de son entreprise.

Le plan du Prince consistait à se jeter inopinément au milieu d'une grande place de guerre, à y rallier le peuple et la garnison par le prestige de son nom, l'ascendant de son audace, et à se porter aussitôt à marches forcées sur Paris avec toutes les forces disponibles, entraînant sur sa route troupes et gardes nationales, peuple des villes, des campagnes et tout ce qui serait électrisé par la magie d'un grand spectacle et le triomphe d'une grande cause. La ville de Strasbourg lui parut la plus favorable à l'exécution de ce projet. Une population patriote, ennemie du gouvernement qui s'est vu contraint de licencier sa garde nationale, une garnison de huit à dix mille hommes, une artillerie considérable, un arsenal immense, des ressources de toutes espèces faisaient de cette place importante une base d'opération qui, une foi acquise à la cause populaire, pouvait amener les plus grands résultats. La nouvelle d'une révolution faite à Strasbourg par le neveu de l'Empereur au nom de la liberté et de la souverainete du peuple eut embrâsé toutes les têtes. Si on se rendait maître de Strasbourg, la garde nationale était immédiatement organisée pour faire elle seule le service de la place et veiller à la garde de ses remparts. La jeunesse de la ville et des écoles formée en corps de volontaires se réunissait à la garnison. Le jour même où cette grande révolution s'accomplissait, tout s'organisait de manière à partir le lendemain pour marcher sur Paris avec plus de douze mille hommes, près de cent pièces de canon, dix à douze millions de numéraire et un convoi d'armes considérable pour armer les populations sur la route. L'exemple de Strasbourg entraînait toute l'Alsace et ses garnisons. La ligne à parcourir traverse les Vosges, la Lorraine, la Champagne, que de grands souvenirs réveillés! que de ressources dans le patriotisme de ces provinces! Metz suivait l'impulsion de Strasbourg. Nancy et les garnisons qui l'entourent se trouvaient occupés dès le quatrième jour pendant que le gouvernement aurait à peine pris un parti. Ainsi le prince Napoléon-Louis pouvait entrer en Champagne le 6 ou le 7 jour à la tête de plus de cinquante mille hommes. La crise nationale grandissait chaque jour. Les proclamations faites pour réveiller toutes les sympathies pénétraient partout, elles inondaient le Nord, l'Est, le Centre et le Midi de la France. Besançon, Lyon, Grenoble recevaient le contre-coup électrique de cette grande révolution.

Cependant dans ces grandes circonstances, que ferait le gouvernement? Dégarnirait-il Paris des cinquante mille hommes qui en temps ordinaires suffisent à peine pour maintenir dans l'obéissance le peuple de cette grande cité? En lui supposant le temps de rallier les garnisons de Lille et d'une parti des frontières du Nord, pouvait-il tout à-la-fois contenir la capitale et arrêter un mouvement aussi énergiquement commencé? A cette armée de citoyens et de soldats enthousiastes de gloire et de liberté il n'aurait à opposer que des régimens ébranlés par l'exemple contagieux de l'insurrection. Et quand on parviendrait à maintenir une armée royale sous le drapeau du Coq gaulois en présence de l'aigle d'Austerlitz, la question réduite aux proportions d'une opération purement stratégique se déciderait encore en faveur de la cause populaire. Une armée sans ligne de communication à défendre, sans derrières à garder, mais portant tout avec elle et n'ayant d'autre pensée, d'autre but que d'arriver à Paris, triompherait sans coup férir de l'armée opposée placée dans des conditions toutes contraires. Il suffirait en effet de dérober une marche à cette dernière pour couper sa ligne de communication et arriver avant elle à Paris, ce qui terminerait la lutte.

Mais tout dépendait du premier moment, il fallait réussir à Strasbourg. Si cette entreprise présentait d'immenses difficultés, elle n'était pas cependant au-dessus du courage et des talens du neveu de Napoléon. Le Prince passa le mois de juin à méditer sur ces projets. Il dut dissimuler avec soin entouré comme il l'était des sollicitudes d'une affection inquiéte qu'il aurait rendue trop malheureuse s'il lui avait confié les hazards qu'il allait courir. Au mois de juillet il se rendit aux Éaux de Baden-Baden pour être plus à portée de recueillir sur Strasbourg les renseignemens nécessaires. Quoique l'esprit occupé de si grands intérêts il parut prendre part à tous les amusemens de la société. Il voulut se montrer plus ambitieux des plaisirs que de gloire et déjoua ainsi les soupçons que pouvait inspirer sa présence si près de la frontière. Du reste on était loin de se douter des projets qu'il nourrissait, grâces aux absurdes rapports des polices françaises et étrangères qui le peignaient toujours occupé d'obscures intrigues en Suisse et en Allemagne, occupations bien loin de sa pensée puisque les intérêts de la France n'en étaient pas l'objet.

Il ne s'agissait pas pour le Prince de préparer une conspiration. Prétendre s'emparer de Strasbourg par une force toute matérielle en violentant les dispositions du peuple et de la garnison eut été une étrange folie. Il eut fallu autant de conjurés que d'habitans et de soldats. Le Prince, ne comptant que sur le prestige de son nom, avait sur l'exécution de son entreprise des idées différentes. S'il eut été personnellement connu des troupes et des habitans, il se fut présenté seul et sans armes au milieu de la place publique, car sa tentative n'avait d'autre but que de consulter un sentiment national et d'en provoquer l'application par sa presence. Il n'avait donc besoin que de quelques amis dévoués qui au jour de l'évènement puissent entourer sa personne et répondre de son identité. Pourquoi faut-il qu'un seul régiment en ait douté!

Pendant son séjour à Bade, le Prince reçut la visite d'un grand nombre d'officiers des garnisons d'Alsace et de Lorraine, tous lui exprimaient des sentimens qui devaient puissamment fortifier sa conviction. D'ailleurs l'intérêt visible qu'inspirait partout sa présence lui prouvait assez que la magie du nom de Napoléon ne s'était pas éteinte avec l'empereur et le duc de Reichstadt.

L'ouvrage du Prince sur l'artillerie, publié depuis quelques mois, lui avait valu de nombreuses félicitations de la part des généraux et officiers supérieurs de cette arme. Un d'eux, le brave colonel Vaudrey, du quatrième d'artillerie avait été particulièrement frappé de tout ce qu'un tel ouvrage avait exigé de talent, de connaissances et de force de volonté réunies. Un échange de complimens avait eu lieu à ce sujet. C'était une occasion pour tous les deux de faire connaissance. Ils se virent à Bade et furent dès ce moment pénétrés l'un pour l'autre de la plus grande estime et du plus vif attachement. Le colonel Vaudrey est un des officiers les plus distingués de l'armée. Il a éminemment le feu sacré. Homme de coeur et de tête, plein d'honneur et de patriotisme, il joint aux connaissances les plus étendues l'esprit le plus brillant et le plus aimable. Grand, bien fait, d'une figure mâle, il est doué de tous les avantages extérieurs. Mais ce qui frappe surtout en lui, c'est la réunion des qualités en apparence les plus opposées: un caractère trempé à l'antique et une douceur de femme dans la vie intime, la franchise d'un soldat et les manières distinguées de l'homme du monde le mieux élevé. Animé du patriotisme le plus pur et le plus désintéressé, le colonel Vaudrey a toujours confondu son amour pour la liberté et son amour pour l'Empereur. Sa conduite franche et énergique en 1830 lui avait acquis l'estime de la ville et de la garnison de Strasbourg. Un tel caractère excita vivement l'amitié du prince Napoléon et le colonel, de son côté, en retrouvant dans le neveu de l'Empereur et sa grandeur d'ame et la noblesse des sentimens du héros de la France, ne put se défendre d'une forte sympathie.

De Bade le Prince retourna en Suisse laissant à quelques amis dévoués le soin de terminer des préparatifs des détails indispensables. Vers le 15 octobre plusieurs généraux sur lesquels on croyait pouvoir compter furent prévenus que le Prince avait une communication importante à leur faire. Un rendez-vous leur fut assigné. Des uniformes furent préparés pour eux et pour d'autres officiers de différent grades. Tout était disposé pour agir dans les derniers jours d'octobre.

Le 25, le prince Napoléon-Louis partit seul du château d'Arenenberg sous le prétexte d'aller chasser dans la principauté d'Hechingen. Il se rendit d'abord dans le grand-duché de Bade aux rendez-vous indiqués; mais par un commencement de fatalité il ne trouva personne. Un malentendu qui parut d'abord inexplicable empêcha qu'on put se rencontrer. Le Prince attendit trois jours inutilement. Le temps était précieux. L'autorité pouvait être prevenue de son départ d'Arenenberg et faire observer ses démarches. Dans une entreprise où la première condition de succès était le secret, l'inattendu, un jour, une heure de retard pouvait tout perdre. La présence de généraux connus dans l'armée eut été très-utile sous plus d'un rapport, mais en definitive elle n'était pas indispensable. Le Prince forcé par les circonstances se décida à se passer de leur concours. Il partit donc le 28 au matin et arriva à dix heures du soir à Strasbourg.

Le colonel Parquin, ancien capitaine de la vieille garde impériale, alors commandant de la garde municipale de Paris, un de ces officiers qu'on peut nommer brave entre tous les braves, était depuis quelques jours à Strasbourg. Le Prince le fit prévenir de son arrivée. Est-ce lui, dévoué comme il l'était personnellement au Prince, qui eut refusé de partager les dangers auxquels le neveu de l'Empereur venait s'exposer?

Le lendemain 29, le colonel Vaudrey, à son tour prévenu, se rendit auprès du Prince et resta deux heures avec lui. Après cet entretien le Prince annonça à l'auteur de cet écrit que le colonel, déterminé par les plus nobles sentimens, était décidé à embrasser la cause nationale. Ce brave colonel avait pourtant fait beaucoup d'objections pour détourner le Prince de son entreprise. Il lui en avait représenté les difficultés, tous les périls. Tremblant à l'idée de voir le neveu de l'Empereur exposé peut-être à périr d'une main française, il l'avait conjuré de renoncer à une si audacieuse tentative et dans l'espoir de le détourner de ses projets lui avait d'abord refusé son concours. Mais devant l'invariable résolution du Prince, devant cette conviction profonde qu'il devait sa vie à la gloire et à la liberté de son pays, il n'avait plus pensé qu'à partager ses dangers. Noble et sublime dévouement à une grande cause!

Cette détermination du colonel Vaudrey était une immense garantie de succès. Comme plus ancien colonel, en l'absence du Maréchal de camp, il commandait depuis plusieurs mois toute l'artillerie de la garnison. Le bataillon de pontonniers et le troisième d'artillerie le connaissaient aussi bien que le quatrième. Ces trois corps avaient également confiance en lui. Quand il présenterait le Prince devant l'un ou l'autre de ces régimens, personne ne douterait qu'il avait devant les yeux le neveu de l'Empereur; le prestige du nom de Napoléon ferait le reste.

Le soir à huit heures le Prince convoqua chez lui les principaux officiers pour délibérer sur ce qu'on aurait à faire dans la journée du 30 Octobre, afin de rallier le peuple et la garnison. Il fut d'abord convenu dans cette réunion qu'il fallait entraîner avant tout une force militaire imposante pour que les dispositions des habitans ne puissent être comprimées par les mesures de l'autorité. Il s'agissait donc pour première condition de succès d'enlever un régiment.

La garnison de Strasbourg se composait de trois régimens d'infanterie et d'un bataillon d'ouvriers du génie. Ces régimens occupaient des casernes situées le long des remparts de la ville et éloignées les unes

des autres par d'assez grandes distances. Un des régiments d'infanterie, le seizième de ligne, occupait la
citadelle, le quarante-sixième de ligne était caserné
à l'extrémité d'une ligne de remparts le long de laquelle devait se passer tout le drame militaire. C'était
sur cette ligne que se trouvait l'hôtel de ville, la pré-
fecture, la division militaire, la subdivision, les pontonniers et le troisième d'artillerie. Le quatrième
d'artillerie occupait le quartier d'Austerlitz situé au
centre d'une autre ligne perpendiculaire à l'une des
extrémités de la ligne précédente. Quand au quator-
zième léger, placé à un côté opposé de la ville, il
était ainsi que le bataillon d'ouvriers du génie tout-à-
fait en dehors de cette ligne d'opération, et ne pouvait
avoir qu'un rôle peu actif dans les évènemens qui se
préparaient.

Or, devant quel régiment se présenterait le Prince?
La position du colonel Vaudrey, comme colonel du
quatrième régiment d'artillerie et l'attachement des
soldats à sa personne, faisaient supposer que ce dernier
régiment serait plus facilement entraîné. Mais le colonel Vaudrey déclara qu'il ne fallait pas compter sur
son influence personnelle, que dans les circonstances
actuelles le prestige du nom de Napoléon pouvait seul
faire concevoir l'espoir d'un si grand résultat; que
l'autorité d'un chef de corps n'était rien; que pour

Henri V ou pour tout autre parti un colonel n'aurait pas le pouvoir d'enlever cent hommes de son régiment. Il ajouta que son rôle devait donc se borner à présenter le Prince à un des trois régiments d'artillerie sous ses ordres, que l'un n'était pas mieux disposé que les autres, mais que si un premier régiment suivait le Prince, il était sûr de toute l'artillerie. Il fit observer alors que le bataillon des pontonniers par suite de différentes circonstances était très-populaire dans la ville; qu'il entraînerait tout le peuple, mais qu'il avait le grand inconvénient d'être partagé en deux casernes; que le quatrième d'artillerie avait le désavantage d'avoir les écuries éloignées du quartier, mais que le troisième réunissait toutes les conditions désirables; qu'il avait les chevaux et son parc d'artillerie sous la main; qu'il était plus nombreux et comptait beaucoup plus de vieux soldats dans ses rangs. Il fut donc question d'abord de commencer le mouvement au troisième d'artillerie, tant le colonel était convaincu que son influence personnelle devenait nulle dans une circonstance aussi grave. Cependant par suite du plan général qui fut adopté et qui rendait l'emploi du matériel de l'artillerie inutile, on revint à l'idée de se présenter au quatrième d'artillerie. D'ailleurs, de grands souvenirs se rattachaient à ce régiment.

Mais une fois ce premier régiment enlevé, se

porterait-on sur l'artillerie ou bien sur l'infanterie ?
rallierait-on de suite toute l'artillerie, ou tenterait-on
d'abord de mêler les deux armes ? profiterait-on du
premier moment de succès pour arriver à la caserne
d'un régiment d'infanterie avant qu'aucune mesure ne
put être prise pour soustraire ce régiment à notre influence. Cette question, en apparence toute militaire,
se compliquait de considérations bien autrement graves.

Le premier parti consistait donc à rallier d'abord
les trois régimens d'artillerie. Dans l'hypothèse d'un
premier succès au quartier d'Austerlitz, ce résultat était
immanquable. Le Prince se trouvait maître de 150 pièces
de canon sans compter un arsenal immense. S'il ne
se fut agi que d'une opération militaire, dès ce moment la ville entière était en son pouvoir. Il n'avait
qu'à se rendre sur la place d'armes, donner ses ordres
et tout le monde eut obéi. Mais que de conséquences
funestes pouvaient entraîner ce parti ! Pendant le temps
nécessaire pour enlever toute l'artillerie et prendre les
dispositions énergiques qu'exigeait cette résolution,
l'infanterie pouvait être entraînée dans un sens contraire, on pouvait lui faire prendre une attitude hostile
en la trompant sur l'identité ou les intentions du Prince
ou tout au moins la faire sortir de la ville. Mais ce
qui était bien plus grave, il était à craindre que la
population ne s'effrayât de ce déploiement de forces

militaires. En voyant les batteries d'artillerie traverser la ville et se former sur la place d'armes, on eut pu croire que le Prince ne se présentait au peuple qu'escorté seulement des souvenirs militaires de l'Empire, et cette prévention pouvait tout perdre. Maître de Strasbourg par la force purement militaire et sans le concours des habitans, on n'était maître que des murailles d'une ville, ce n'était qu'un fait isolé, sans conséquences, sans résultats ultérieurs; tandis que cette conquête accomplie par le prestige du nom, l'entraînement populaire, l'enthousiasme patriotique du peuple et des soldats réunis, c'était une grande révolution commencée.

Le second parti consistait à se porter du quartier d'Austerlitz au quartier Finkmatt, occupé par le quarante-sixième de ligne. On y arrivait avant que le mouvement put y être prévenu et qu'aucune disposition hostile fut prise. Si l'on enlevait ce régiment, les difficultés militaires étaient terminées. Les deux armes artillerie et infanterie étaient mêlées ce qui entraînait le reste de la garnison. Les autorités étaient arrêtées, les proclamations imprimées et affichées dans les rues et les places publiques, rien ne pouvait plus comprimer ce mouvement tout moral, tout populaire. Si l'on ne réussissait pas à entraîner le quarante-sixième, toutes les précautions étaient prises pour assurer la retraite.

On se portait alors à tir d'aile sur les parcs et les deux autres régimens d'artillerie, on recourait à des moyens plus énergiques, on rentrait enfin dans l'exécution du premier plan, mais avec des avantages nouveaux qu'on n'aurait pas eu si l'on s'était porté de suite du quartier d'Austerlitz aux deux autres régimens d'artillerie. En effet le temps perdu à cette tentative sur l'infanterie eut été employé par des officiers dévoués à faire monter le troisième d'artillerie à cheval et à mettre les pontonniers sous les armes. Quand le Prince arriverait devant eux, ces régimens seraient prêts à marcher, il se trouverait alors maître d'une force supérieure à tout ce qu'on pouvait lui opposer. En outre, pendant ces mouvemens les proclamations avaient le temps d'être publiées et affichées, et quand le Prince arriverait sur la place d'armes, la population déjà initiée au secret de ses intentions, comprendrait la nécessité de ce déploiement de force et elle applaudirait la première. Ainsi malgré un échec malheureux, immanquablement soutenu par le peuple, la réussite paraissait encore certaine.

Ce parti était plus conforme à l'esprit éminemment libéral de la révolution projetée par le Prince, il satisfaisait à toutes les conditions politiques et militaires, mais pour assurer la réussite ou tout au moins la retraite dans la tentative à faire au quartier Finkmatt, il existait des difficultés de localités qui méritaient d'être sérieusement examinées.

Le quartier Finkmatt est un long bâtiment, situé parallèlement au rempart dont il n'est séparé que par une cour très-étroite fermée dans toute sa longueur par le rempart et à chaque extrémité par un mur élevé. Cette cour qui n'est qu'un long boyau sert aux troupes de lieu de rassemblement. Pour arriver de la ville à la caserne il n'y a que deux issues, l'une par le chemin du rempart qui aboutit à l'une des extrémités de la cour où se trouve une grille en fer, l'autre dans une direction opposée par une ruelle étroite qui, partant du faubourg de Pierre, arrive perpendiculairement à la grille principale du quartier au centre du bâtiment. Ce foubourg de Pierre est une large rue percée parallèlement au quartier, mais séparée de celui-ci par un massif de maisons de cinquante à soixante pas de profondeur et n'ayant d'autre communication avec lui que par la ruelle dont il est parlé, ruelle si étroite qu'il ne peut y passer que deux hommes de front.

Si le Prince arrivait par la rue du faubourg de Pierre, il était obligé de laisser le régiment en bataille dans cette rue et d'aller par la petite ruelle se présenter presque seul à la caserne, sans pouvoir montrer aux soldats d'infanterie, pour garantie de son identité, l'exemple entraînant de tout un régiment d'artillerie enlevé à sa cause.

Si au contraire, en arrivant par l'autre chemin se placer sur le rempart en face de la caserne, le Prince apparaissait à l'infanterie escorté de tout un régiment d'artillerie, musique en tête au chant de la marseillaise, un tel spectacle attirait l'attention de tout le régiment. Du rempart au bâtiment il n'y a que vingt à vingt-cinq pas, le Prince pouvait haranguer les soldats réunis et s'en faire reconnaître. Plusieurs batteries du quatrième d'artillerie avaient leurs chevaux dans la caserne Finkmatt, les soldats de ces batteries étaient connus des soldats du quarant-sixième, ils avaient l'habitude de se voir et de causer ensemble aux heures du pansage. Ils se reconnaîtraient et s'annonceraient la grande nouvelle; personne ne douterait donc que ce ne fut un neveu de l'Empereur. En présence de l'héritier du nom de Napoléon, de l'aigle de la grande armée et de tout un régiment enthousiaste, l'entraînement général devait être contagieux.

- Néanmoins s'il en était autrement, si l'infanterie résistait à cette puissance morale, si même elle voulait entreprendre d'arrêter ce mouvement, rien ne pouvait empêcher le Prince de se retirer par le rempart. Un piquet de soixante chevaux suffirait pour empêcher pendant le temps nécessaire l'infanterie de déboucher par la grille, et le Prince en longeant le rempart arriverait par la ligne la plus courte aux parcs et aux autres régimens qui l'attendaient.

Toutes ces considérations furent présentées, posées et analysées par le Prince avec une netteté de vues et une clarté d'éxpression, une profondeur de conviction qui frappèrent tous les membres du Conseil et qui firent naître dans chacun d'eux de bien grandes espérances; hélas! pourquoi les idées du Prince n'ont-elles pas eu leur compléte exécution!

Il fut donc décidé que le lendemain, 30 octobre, à cinq heures du matin le colonel Vaudrey ferait rassembler son régiment en armes et à pied, avec un piquet de soixante chevaux; que dès que ces troupes se trouveraient en bataille, le Prince suivi d'un état-major composé de ses officiers particuliers et d'un certain nombre d'officiers de la garnison se présenterait devant le front du régiment et que si l'on réussissait à l'enlever, on se porterait de suite sur le quarant-sixième en passant par le chemin du rempart. On convint aussi que plusieurs détachemens seraient immédiatement envoyés pour s'emparer du préfet, du maréchal-de-camp commandant la subdivision militaire, du télégraphe, d'une imprimerie pour les proclamations, etc. Quant au général Voirol, lieutenant-général de la division militaire, comme son hôtel se trouve dans la

direction qu'on devait prendre, il fut décidé qu'on s'y
arrêterait un instant et que le Prince monterait chez
lui pour essayer de l'entraîner dans le mouvement.

Le général Voirol est un de ces nobles caractères
qui méritent l'estime de tous les partis. Vieux soldat
de l'Empire, son coeur a toujours battu aux idées d'honneur et de patrie. Plein d'enthousiasme pour la mémoire de l'Empereur, il avait toujours montré un vif
intérêt au neveu de son premier souverain. Tout portait à croire que la présence du Prince reveillerait en
lui ses anciennes sympathies; mais on ignorait alors
que le général avait envers le Roi des obligations
personnelles.

Quand toutes les partis de ce plan général furent
arrêtées, on s'occupa des détails secondaires. Entre
autre chose une personne étrangère à l'armée demanda
s'il ne serait pas utile de donner de l'argent aux soldats, mais un tel moyen fut repoussé par tout le
monde sans éxamen. Ce n'était qu'à de nobles souvenirs qu'il fallait s'adresser. Cependant on observa
avec raison que les évènemens de la journée du lendemain ne permettraient pas aux troupes de rentrer
dans leurs casernes pour la soupe du matin, il fallait
donc y pouvoir et c'est à cette intention que le colonel
Vaudrey dut remettre 40 francs à chaque batterie d'artillerie, ce qui faisait 8 ou 9 sols par homme. Assu-

rément cette mesure de prévoyance ne pouvait passer pour une corruption.

A dix heures du soir le conseil se sépara, un rendez-vous fut assigné pour 4 heures du matin aux personnes qui en avaient fait partie. Un appartement avait été retenu la veille pour servir au rassemblement des officiers de la suite du Prince, dans une maison particulière située à environ deux cents pas du quartier d'Austerlitz. On y avait porté dans la soirée les uniformes, les armes et tous les objets dont on pouvait avoir besoin. A 11 heures le Prince s'y rendit et expédia de là ses officiers auprès des officiers sur lesquels on pouvait compter dans les différens régimens de la garnison; ils ne furent prévenus qu'alors de l'arrivée du Prince et de sa résolution. La plupart étaient déjà couchés, ils se levèrent et arrivèrent successivement vers trois heures du matin. L'appartement en était rempli. Le Prince leur fit part de ses projets, de ses moyens d'exécution, de tout ce qu'on aurait à faire dans la journée et donna à chacun d'eux ses instructions particulières. Enfin quand tous furent rassemblés, il leur lut ses proclamations qui eurent l'assentiment général. On en fit alors quelques copies pour servir dans les premiers momens en attendant qu'elles fussent imprimées.

Ces proclamations sont aujourd'hui entre les mains

de la justice, elles seront connues et la France jugera de la noblesse et de la pureté des intentions du neveu de l'Empereur. En attendant, l'auteur de cet écrit a pu s'en rappeler quelques passages et il considère comme un devoir de les publier.

PROCLAMATIONS DU PRINCE NAPOLÉON-LOUIS BONAPARTE.

Au peuple français.

FRANÇAIS!

On vous trahit! vos intérêts politiques, vos intérêts commerciaux, votre honneur, votre gloire sont vendus à l'étranger, et par qui? par ceux qui ont profité de notre belle révolution et qui en renient aujourd'hui les principes. Est-ce donc pour avoir un gouvernement sans bonne foi, des institutions sans force, des lois sans liberté, une paix sans calme et sans prospérité, un présent sans avenir que nous avons combattu pendant quarante ans? Paris fit en 1830 une glorieuse révolution, mais on imposa à la France un gouvernement sans consulter ni le peuple de Paris, ni le peuple des Provinces, ni l'Armée. Français! tout ce qui a été fait sans vous, est illégitime . . . .

Fier de l'origine populaire du chef de ma famille, fort des quatre millions de votes qui me destinaient

au trône, je m'avance devant vous avec le testament de
l'empereur Napoléon d'une main et son épée d'Austerlitz de l'autre. Représentant de la souveraineté nationale, je viens reconquérir non mes droits, mais les
droits du peuple et appeler tous les Français à un
grand congrès national qui seul doit décider des institutions et des destinées de notre patrie.

. . . .

. . pouvez-vous avoir confiance en eux? ils ont aban-
donné les peuples nos alliés, ils ont armé le frère
contre le frère, ils ont ensanglanté nos cités. Les
ingrats! Dès le lendemain des barricades ils oubliè-
rent leurs sermens et leurs promesses de la veille.
Et nous, enfans de la révolution, nous laisserions périr notre mère sans courir aux armes! . . . . . .

. . . .

Français! J'ai voué mon existence à l'accomplissement d'une grande mission. Du rocher de Sainte-
Hélène un rayon du soleil mourant a passé dans mon
ame, je saurai garder ce feu sacré, je saurai vaincre
ou mourir pour la cause du Peuple.

Vive la France! Vive la liberté!

Signé: Napoléon-Louis.

A l'A r m é e.

SOLDATS!

Le moment est venu de recouvrer votre ancienne splendeur. Faits pour la gloire, vous pouvez moins que d'autres supporter plus long-temps le rôle honteux qu'on vous fait jouer. Le gouvernement qui trahit nos intérêts civils, voudrait aussi ternir notre honneur militaire. Croit-il que la race des héros d'Arcole, d'Austerlitz et de Wagram soit éteinte? . . . . . .

. . . .

. . . Vous comprenez comme moi votre sublime mission. Délivrer la patrie des traîtres et des oppresseurs, protéger les droits du peuple, défendre la France et ses alliés contre l'invasion — voilà la route où l'honneur vous appelle . . . .

Soldats! Français! Quels que soient vos antécédens, venez tous vous ranger autour du drapeau tricolore régénéré, il est l'emblème de votre gloire. La patrie divisée, la liberté trahie, l'humanité souffrante, la gloire en deuil comptent sur vous. Vous serez à la hauteur des destinées qui vous attendent.

. . . .

Soldats de la République, soldats de l'Empire, que mon nom réveille en vous votre ancienne ardeur. Et vous, jeunes soldats, qui êtes nés comme moi au bruit du canon de Wagram, rappelez-vous que vous êtes les

enfans des soldats de la grande-armée. Le soleil de
cent victoires éclaira notre berceau. Que nos hauts
faits ou notre trépas soient dignes de notre naissance.
Du haut du ciel la grande ombre de l'empereur Napoléon guidera nos bras, et contente de nos efforts, elle
s'écrira: Ils étaient dignes de leurs Pères!

Vive la France! Vive l'Armée!

Signé: Napoléon-Louis.

On a dit plus haut qu'un malentendu avait empê-
ché plusieurs généraux de joindre le Prince. Ils étaient
alors vivement regrettés. On se demandait qui pour-
rait sur-le-champ prendre le commandement de la
subdivision militaire en l'absence du général Lalande
qu'on devait arrêter. Personne, sans doute, n'était plus
capable de remplir ces fonctions que le lieutenant-
colonel Parquin. Son expérience, son sang-froid, sa
fermeté en répondaient, mais le soldat est habitué à
des signes extérieurs de commandement, il était fâcheux
que M. Parquin n'eut pas le grade de Général. Plusieurs officiers firent des remarques pleines de justesse
à ce sujet. Le Prince en fut frappé et il décida que
M. Parquin prendrait l'uniforme de maréchal-de-camp,
Cet officier, malgré tout son dévouement, hésita long-
temps. Il observa que c'était compromettre son carac-

tère, que dans le succès ou dans le revers cette circonstance le ferait accuser d'une ambition toute personnelle. Il s'y décida enfin, forcé par l'insistance
du Prince et déterminé par les plus nobles considérations, en déclarant toutefois que si l'on réussissait à
Strasbourg, il déposerait les insignes de général à la
fin de la journée. Mais le Prince répondit qu'alors
il ne devrait plus les quitter, que si la Nation approu-
vait son entreprise elle approuverait aussi l'avancement
d'un brave qui aurait rendu de si grands services à
la cause populaire. Et certes, le peuple français eût
sanctionné cette nomination, personne n'eût vu une
faveur dans cet avancement de M. Parquin. Tous les
braves de la grande-armée se rappellent ce brave capitaine de chasseurs de la garde impériale dont toute
la carrière militaire ne fut sous l'Empire qu'un tissu
d'actions d'éclats. Trois drapeaux pris de sa main,
dix-huit blessures reçues en combattant pour la patrie,
la vie sauvée à un maréchal de France, des généraux,
des colonels faits prisonniers par lui, etc. etc., sans
les injustices et les persécutions de la restauration un
tel homme ne serait-il pas depuis long-temps général?
qui dans l'armée a de plus beaux états de service que
ce brave?

Cependant cinq heures venaient de sonner, c'était
l'heure où le colonel Vaudrey devait se rendre au

quartier d'Austerlitz. Le moment approchait où un jeune prince neveu et petit-fils adoptif du grand Empereur allait devant un régiment français éprouver, au péril de sa vie, le prestige de son nom pour le faire servir à la gloire et à la liberté de son pays. En ce moment solennel, le Prince pensa à sa mère, il demanda de quoi écrire. »Ma pauvre mère, dit-il, qui s'inquiète si facilement, je l'ai trompée, elle me croit à la chasse, il faut qu'elle apprenne par moi, bon ou mauvais, le sort qui m'attend.« Alors il écrivit deux lettres, une où il annonçait à la Reine la réussite de son entreprise et l'autre où il lui disait: »Ma mère, j'ai été vaincu, je meurs pour une belle cause, pour la cause du peuple français qui me regrettera un jour. Ne me pleurez pas, n'en veuillez à personne, personne ne m'a entraîné, c'est moi seul qui ai voulu essayer de rendre à la France sa gloire et ses libertés. En passant le Rhin j'étais préparé à tout!« En remettant ces deux lettres, le Prince était visiblement ému. »Si je suis accueilli du régiment auquel je vais me présenter, dit-il, la réussite est certaine, qu'on envoie tout de suite la première lettre à ma mère; si je succombe, on lui portera la seconde; ce sera mon adieu.« Une larme se montra dans ses yeux *); en ce moment

---

*) Aux bruits des vivats du quatrième d'artillerie, la première lettre fut portée à la Reine et la seconde fut déchirée.

les sons de la trompette se firent entendre, le Prince comprima l'émotion que le souvenir de sa mère lui avait causé et il reprit le calme et le sang-froid qui ne l'ont pas quitté un seul instant dans tous les évènemens qui vont suivre. »Voici, dit-il en se levant, un moment solennel, dans peu d'instans nous allons commencer une grande entreprise. Si nous réussissons, les bénédictions du Peuple seront notre récompense, mais si nous échouons, le vulgaire nous couvrira de boue. On ne trouvera pas assez d'expressions pour peindre la folie, le ridicule de notre entreprise. C'est là le martyre des temps modernes. Nous le supporterons avec calme et résignation. Nous nous rappellerons la longue agonie de l'Empereur à Sainte-Hélène. Les hommes de coeur nous tiendront compte de nos efforts. Nous mourrons victimes d'une grande cause. Le peuple français nous plaindra.«

Ces paroles retentiront long-temps à l'oreille de l'auteur de cet écrit, elles resteront gravées dans son coeur. Aucun des compagnons d'infortune du Prince ne les oubliera, nous serons tous à la hauteur de notre nouvelle situation; le malheur n'abattra jamais notre courage.

Cependant le colonel Vaudrey faisait sonner l'assemblée au quartier d'Austerlitz. Cette sonnerie inaccoutumée à une pareille heure, une neige épaisse qui tombait en ce moment, l'attente de ce qui allait se passer, tout donnait au quartier d'Austerlitz un aspect imposant. Peu-à-peu, au silence de la nuit, succédèrent des bruits confus qui couvrirent bientôt les éclats de la trompette. Les soldats se levaient, prenaient leurs armes, descendaient précipitamment de leurs chambres, se questionnaient mutuellement sur le but de cette prise d'armes. En peu de temps la vaste cour du quartier fut remplie. Le régiment fut formé sur deux lignes se faisant face, de manière que chaque soldat put voir ce qui allait se passer au centre de la cour.

Prévénu que le régiment était sous les armes, le Prince s'avança vers le quartier d'Austerlitz suivi de tous ses officiers. Il était vêtu de son uniforme d'artillerie, habit bleu *) avec collet, revers et passe-poils rouges, il portait des épaulettes de colonel et les insignes de la légion d'honneur, un chapeau d'état-major et pour armes un sabre droit de grosse cavalerie.

La neige avait cessé et il commençait à faire grand jour, quand le Prince arriva par l'entrée principale du quartier. On put alors remarquer dans tout le régiment un mouvement de vive curiosité. Le colonel

---

*) On y voyait pourtant bien clair, et chacun a répété que son habit était vert comme celui de l'Empereur.

Vaudrey était seul au centre de la cour. Le Prince s'avança vers lui avec assurance; tous les regards étaient fixés sur cette scène inattendue. Le colonel alors, mettant le sabre à la main, s'écria d'une voix mâle et fière qui vibra dans tous les coeurs:

»Soldats du quatrième régiment d'artillerie! une grande révolution commence en ce moment. Le neveu de l'empereur Napoléon, le prince Napoléon-Louis Bonaparte, ici présent, vient se mettre à votre tête. Il arrive sur le sol français, pour réconquérir les droits du peuple et rendre à la France sa gloire et sa liberté. Il s'agit de vaincre ou de mourir pour une grande cause, pour la cause du peuple. Soldats du quatrième régiment d'artillerie, le neveu de l'empereur Napoléon, peut-il compter sur vous?« — »Oui, mon colonel!« s'écria chaque soldat, avec un enthousiasme impossible à rendre, et les cris de »Vive la liberté! vive Napoléon! vive l'Empereur!« *) partirent de toutes les bouches et retentirent long-temps dans le quartier avec une espèce de délire. Les sabres, les tschakos s'agitaient en l'air; le prestige du nom obtenait un triomphe complet.

Le Prince ému de l'unanimité des acclamations

---

*) Quoique le Prince ne se soit pas présenté comme empereur, les soldats dans leurs cris ne voulurent jamais séparer ce nom du celui de Napoléon.

vraiment inespérées, se jeta dans les bras du colonel Vaudrey et fit signe qu'il voulait parler. Le silence se rétablit.

»Soldats!« leur dit-il alors d'une voix fortement accentuée, résolu à vaincre ou à mourir pour la liberté du peuple français, »c'est à vous les premiers que j'ai voulu me présenter, parce qu'entre vous et moi il existe de grands souvenirs. C'est dans votre régiment que l'empereur Napoléon, mon oncle, a fait ses premières armes, c'est avec vous qu'il s'est illustré au siége de Toulon et c'est encore votre brave régiment qui lui ouvrit les portes de Grenoble au retour de l'île d'Elbe. Soldats! de nouvelles destinées vous sont réservées. A vous la gloire de commencer une grande entreprise, à vous l'honneur de saluer les premiers l'aigle d'Austerlitz et de Wagram.« — Ici le Prince saisit l'aigle que portait un de ses officiers et le présentant à tous les regards. »Soldats!« ajouta-t-il, »voici le symbole de la gloire française, destiné à devenir aussi l'emblême de la liberté. Pendant quinze ans il a conduit nos pères à la victoire, il à brillé sur tous les champs de bataille, il a traversé toutes les capitales de l'Europe. Soldats! ralliez-vous à ce noble étendart. Je le confie à votre honneur, à votre courage. Marchons ensemble contre les traîtres et les oppresseurs de la patrie aux cris de Vive la France! Vive la liberté!«

Il faut avoir été témoin de cette scène touchante pour comprendre tout ce que le nom de Napoléon peut réveiller de nobles passions. Il faut avoir entendu les acclamations de tout ce régiment qui reconnut le neuveu de l'empereur, pour bien juger de la magie de ce nom et combien le Prince s'était peu trompé sur les véritables sentimens de l'armée.

Sur-le-champ on se mit en marche pour la lieutenance générale, musique en tête. Le régiment traversa la ville, toujours aux cris répétés de »vive Napoléon! vive l'empereur!« Quoiqu'il fût trop matin, pour rencontrer beaucoup de monde, cependant les habitans attirés par le bruit se réunirent en foule au cortége et mêlèrent leurs acclamations à celles des soldats. »Vive Napoléon III! Vive le président de la république! Vive le premier consul! Vive Napoléon! Vive la liberté!« étaient les cris qui se faisaient entendre. »C'est le neveu de l'empereur,« disaient les soldats en montrant le Prince; »c'est aussi le neuveu du prince Eugène et le petit-fils de l'impératrice Joséphine,« répétait le peuple, et il l'entourait, se pressait autour de lui et le séparait de la troupe. Chacun voulait le voir, le toucher, lui parler. »Quel gouvernement auront-nous?« lui demandait-on. »Celui que la nation voudra,« répondait le Prince; »le peuple en décidera,« ajoutaient ses officiers. Alors les cris de »Vive Napoléon«

recommençaient avec une nouvelle énergie. On voit que le Prince ne s'était pas trompé non plus sur les sentimens du peuple.

Pendant ce temps les officiers de la garnison, qui formaient d'abord la suite du Prince, se rendaient à leurs casernes, afin de préparer les autres régimens à la grande nouvelle. Ceux de l'artillerie avaient ordre de faire monter à cheval le troisième et de faire prendre les armes aux pontonniers, et dans le même moment les détachemens commandés pour arrêter le préfet, le maréchal-de-camp, le télégraphe, l'imprimerie etc. etc. marchaient à leurs destinations.

Arrivé à la lieutenance générale, le Prince fit faire halte à sa troupe et monta chez le général Voirol avec monsieur Parquin et le colonel Vaudrey. On ignore encore ce qui s'est passé réellement dans cette entrevue; quoiqu'il en soit, le général refusa de suivre le Prince qui le fit alors arrêter et garder à vue dans son hôtel par un détachement d'artillerie. A en juger par la conduite du général Voirol après cette malheureuse journée, par les visites qu'il a fait au Prince dans sa prison, par les larmes qu'il a versées sur le sort du neveu de Napoléon, il dut se passer dans son ame un pénible combat. Sans la reconnaissance qu'il devait au roi pour des bienfaits personnels, est-il bien sûr que le sentiment seul de ses engagemens

politiques eût pu comprimer ses secrètes sympathies ?
Dans ces tristes circonstances le général Voirol a eu l'ame
navrée et il a été peut-être plus malheureux que nous.

Cependant on se mit en marche pour se rendre
à la caserne Finkmatt, mais par une fatalité inconcevable dont il est impossible de bien se rendre compte,
la colonne prit la direction du faubourg de Pierre, et
le Prince persuadé qu'on le conduisait au chemin du
rempart suivit l'impulsion si malheureusement donnée.
Il parait qu'au milieu des cris d'enthousiasme des
soldats et de la foule qui commençait à grossir, dans
ce moment de tumulte inséparable d'un pareil évènement, aucun officier ne pensa à expliquer à la tête
de la colonne la direction qu'il fallait suivre. Par
une circonstance funeste l'aide-de-camp du Prince,
qui connaissait parfaitement les localités et qui savait
mieux que personne tout l'importance que le Prince
attachait aux détails du plan convenu, ne se trouvait
pas auprès de lui. Il était en ce moment occupé à
arrêter le préfet. Cette arrestation avait été d'abord
confié à un officier de la garnison, mais le Prince
craignant que le caractère énergique de ce fonction-
naire ne rendit cette mission difficile sous plus d'un
rapport, avait fini par en charger son propre aide-de-
camp. La colonne sans guide, sans direction, con-
tinua sa marche et alla se masser dans le faubourg

de Pierre. De là encore on pouvait se rendre sur le rempart en tournant le quartier Finkmatt, mais un bandeau couvrait tous les yeux. Le Prince fut conduit dans la cour de la caserne avec un petit groupe d'officier. »Où suis-je donc?« s'écria-t-il en arrivant dans cette cour et il comprit tout de suite la faute qui venait d'être faite. Mais il n'était plus temps de reculer. Ordre fut donné à l'officier commandant la garde du quartier de faire assembler le régiment, mais cet officier fait des difficultés, il ne voit aucun officier supérieur de son régiment, il s'effraie de la responsabilité qu'il aurait à encourir. Quelques minutes se passent en pour-parlers inutiles entre lui et la suite du Prince. Mais bientôt les soldats d'infanterie entendent prononcer le nom Napoléon, ils accourent, entourent le Prince et témoignent le plus vif enthousiasme. On se presse autour du neuveu de l'Empereur. Ici encore chacun veut le voir, lui parler, le toucher. Un vieux sergent-major se précipite vers lui, s'empare de sa main qu'il baise en fondant en larmes. Il s'écrie qu'il a servi dans la garde impériale et que ce jour est le plus beau de sa vie. Son exemple émeut tout le monde, jeunes et vieux, tous les soldats qui arrivent montrent les mêmes dispositions. Les cris de vive Napoléon! Vive l'Empereur! retentissent dans le quartier. Au milieu de ses manifestations des sen-

timens des soldats, les officiers du Prince les font
ranger en bataille à mesure qu'ils descendent dans la
cour. Déjà l'on a formé plusieurs compagnies, encore
un moment, et la cause populaire va triompher. Mais
tout-à-coup à une autre extrémité de la cour une orage
se forme et se grossit avec rapidité. Un officier a
dit aux soldats que celui qui excite tant d'enthousiasme
n'est qu'un avanturier, un imposteur, un charlatan,
que ce n'est pas le neveu de l'empereur Napoléon.
»C'est le neveu du colonel Vaudrey,« s'écrie un autre
»je le reconnais.« Quelque absurde que soit ce mensonge, il vole de bouche en bouche et commence à
changer les dispositions de ce régiment tout-à-l'heure
si fortement remué par la présence du Prince.

Un grand nombre de soldats qui se croient dupes
d'une indigne supercherie deviennent furieux. Devant
ce danger le Prince se décida à la retraite en entraînant avec lui les compagnies qu'il a formées et
qui sont encore pleines de confiance. Il est près de
la grille, il va sortir, quand un nouvel incident vient
anéantir toutes ses espérances. Inquiet d'être si long-
temps séparé du Prince et du colonel Vaudrey, le quatrième d'artillerie massé au faubourg de Pierre, commençait à concevoir des craintes.

Le bruit se répand parmi les braves soldats de
ce régiment que le Prince court des dangers. Ils se

précipitent en foule vers la grille du quartier et entrent dans la cour en poussant des cris de fureur contre le quarant-sixième qu'ils refoulent aux deux extrémités de la cour. Malheureusement le Prince se trouve entraîné par la foule et jeté vers la partie des soldats d'infanterie qui méconnaissaient son identité. Bientôt il est arrêté ainsi que le colonel Vaudrey, malgré les efforts désespérés des artilleurs qui ne peuvent plus rien pour leur défense, car déjà l'infanterie a repris le dessus, déjà une triple rangée de baïonnettes fait face à l'artillerie qui n'est armée que d'un sabre et de petits mousquetons, les grilles sont fermées et défendues par des soldats dont cette brusque entrée du quatrième augmente la fureur. Aucune résistance n'est plus possible; les soixante chevaux qui sont entrées pêle-mêle dans la cour, augmentent le désordre et ne permettent aucun mouvement aux braves artilleurs. Tout le régiment acculé dans cet impasse sans issue se trouve prisonnier. — Pendant ce temps le brave Parquin qui avait été chargé de la mission de faire arrêter le général Voirol, accourrait à la caserne de Finkmatt. Là il vit ce qui s'est passé, mais décidé à mourir avec le Prince plutôt que de l'abandonner, il n'hésite pas à se jeter au milieu des soldats furieux.

C'est alors que le lieutenant-colonel Taillandier,

du quarante-sixième, parvint à la caserne, sa présence
contribua à éviter entre les deux armes une collision
qui paraissait imminente et qui eut pu devenir bien
funeste.

En ce moment affreux où de si grandes espérances étaient renversées, le Prince ce montra calme
et résigné. »Colonel Vaudrey,« dit-il à cet officier en
lui tendant la main, »me pardonnez-vous de vous
avoir entraîné dans une entreprise si malheureuse.«
Le colonel ne répondit qu'en saisissant la main du
Prince qu'il serra avec effusion. Un instant après un
officier s'étant approché du Prince et le regardant
avec émotion, s'apitoyait tout haut sur l'horrible situation du neveu de l'Empereur. »Au moins,« lui dit le
Prince, »je ne mourrai pas dans l'exil!«

Cependant les officiers d'artillerie avaient com-
pletement réussi dans leurs tentatives dans les deux
autres régimens de cette arme. Le troisième d'artillerie tout entier était monté à cheval. La nouvelle de
ce qui s'était passé au quartier d'Austerlitz y avait
été accueilli avec la plus grande joie. Il était rangé
en bataille, les pièces attelées, et tout prêt à se mettre
en mouvement lorsqu'on apprit que le Prince et le
colonel étaient arrêtés. Cette nouvelle renversa toutes
les espérances et abattit tous les courages. Il ne vint
à l'idée de personne, qu'il suffisait d'aller se présenter

au quartier Finkmatt pour changer ce revers en triomphe. Dans de semblables momens chacun ne songe plus qu'à la retraite. Il est des circonstances au-dessus des forces de la plupart des hommes. Vingt ans d'égoisme et d'une vie sociale toute matérielle ont émoussé les caractères de notre époque. Ce n'est pas en une heure qu'on pouvait les retremper. Dans cette première journée il fallait sous peine de succomber réussir dans tous les plus minutieux détails. Il fallait au moins un jour entier de succès pour porter toutes les têtes au degré d'exaltation nécessaire à une si grande entreprise. Il ne faut donc pas s'étonner si le troisième d'artillerie subit tout entier la funeste influence qu'exerce la défaite. Les officiers s'éclipsèrent, le régiment se débanda et rentra bientôt dans son quartier.

Il en fut de même des pontonniers. Comme ce régiment se trouva plus tôt prêt que le troisième, n'ayant ni chevaux à seller, ni pièces à atteler, la moitié de ce corps avait déjà quitté son quartier pour se porter sur la Finkmatt. Cette colonne n'avait pas trois cents pas à faire pour arriver à l'infanterie et décider, peut-être par sa seule présence, du succès de la journée, lorsque la fatale nouvelle l'arrêta tout-à-coup. Comme au troisième d'artillerie, les officiers disparurent et les soldats sans chefs, sans direction, se retirèrent dans leur caserne. Il y avait là plutôt manque de présence d'esprit, que de courage. Si un seul officier eut dit aux soldats du troisième et aux pontonniers que le quatrième était prisonnier dans la Finkmatt et maltraité par l'infanterie, ils se fussent précipités en foule pour aller délivrer leurs braves camerades. Ainsi nous avions un corps d'artillerie de trois régimens bien déterminés et nous avons échoué devant un seul écueil. Pour se rendre bien compte de cet ascendant qu'exerce la defaite sur le moral des hommes de notre époque, il faut se rappeler 1815 où tout un grand empire reformé magiquement par la présence d'un seul homme se desorganisa et s'anéantit sous l'influence d'une seule bataille perdue. Les sociétés modernes ne pourront-elles jamais s'élever à la hauteur des Romains après la défaite de Cannes?

Quand l'aide-de-camp du Prince eut terminé sa mission, il apprit tout à-la-fois et l'évènement fatal du quartier Finkmatt et la désorganisation des deux autres régimens d'artillerie. Il arriva sur le rempart où le peuple faisait encore entendre le cri de vive Napoléon. Des ouvriers témoins de la lutte avaient été chercher des cordes qu'ils voulaient jeter du haut du rempart dans la cour de la caserne, espérant que si le Prince s'en saisissait, ils l'enleveraient à eux, mais ils arrivèrent trop tard, le Prince était déjà enfermé dans la prison de la caserne avec le colonel et ses officiers. Le peuple sans armes, désesperé de son impuissance, lançait des pierres contre l'infanterie qui parviat enfin à dissiper la foule en tirant des coups de fusils; quel spectacle affligeant présentait en ce moment la cour de la caserne! Deux régimens français étaient prêts à s'égorger, le quatrième d'artillerie occupait une longue ligne acculée au rempart, les chevaux mêlés çà et là dans les rangs; l'infanterie était en face, les baïonnettes à deux pieds tout au plus des poitrines des artilleurs; mais ces derniers avaient chargé leurs mousquetons et se tenaient prêts à faire feu. Les deux partis opposés se regardaient avec fureur: »vive l'Empereur! vive le neveu de Napoléon!« criait l'artillerie — »ce n'est pas lui, ce n'est pas vrai!« répondait l'infanterie.

Au milieu de ce tumulte, le lieutenant-colonel Taillandier ne pouvait plus se faire obéir; l'artillerie refusait de se retirer sans le Prince et le colonel; une seule goutte de sang versée amenait un massacre effroyable. Les momens étaient précieux. On courut chercher dans sa prison le colonel Vaudrey. Sa présence en imposa, sa voix seule fut écoutée et avec le noble maintien qui inspire le respect et l'obéissance.

— »Retirez-vous, mes amis,« leur dit-il, »obéissez a votre colonel pour la dernière fois.«

Aussitôt que la grille s'ouvrit pour laisser sortir les artilleurs de la caserne, l'auteur de cet écrit, seul en liberté, court au milieu d'eux et veut les entraîner à leurs pièces pour revenir délivrer l'illustre prisonnier et venger leur défaite. Cet espoir ranime tous les courages et l'on se précipite dans la direction du parc d'artillerie; mais fatalité sans exemple: d'après le plan général qu'on avait adopté, on avait cru pouvoir se passer de munitions, elles étaient a l'arsenal et le colonel prisonnier maintenant avait seul la possibilité de s'en faire délivrer. Il fallut renoncer à ce dernier moyen de salut, car les chefs une fois pris, il n'y avait plus d'obéissance possible. Aussi l'autorité royale reprit-elle facilement le pouvoir.

Cependant si les proclamations eussent été jetées à profusion dans la ville, le peuple aurait connu quelles étaient les nobles intentions du Prince, il eut pu prendre contre l'autorité une attitude menaçante qui eut amené de grands résultats; mais par un aveuglement inouï l'officier qui avait été chargé de faire imprimer les proclamations les fit brûler quand il apprit l'arrestation du Prince. Ainsi le peuple ne put recevoir de communication sur cette entreprise,

qui parut inconcevable, que des mains de l'autorité
qui ne manqua pas de la dénaturer complétement et
qui alla même jusqu'a renouveler dans les premiers
momens le mensonge grossier qui avait trompé le soldat, en le répétant dans son journal pour abuser
aussi le peuple.

Il ne restait plus aux amis dévoués du Prince,
qui étaient en liberté, qu'un devoir à remplir, celui
de sauver ses jours en cas de condamnation. Bientôt
les mesures furent arrêtées et il n'eut pas été possible de faire tomber un cheveux de la tête de l'héritier du grand nom de Napoléon.

Ce n'est donc ni un général, ni un aide-de-camp,
ni un colonel, qui fit manquer cette expedition, c'est
la fatalité, car c'est même le dévouement du quatrième d'artillerie qui perdit tout. Le préfet, le général étaient prisonniers. On n'avait aucun intérêt à
s'en défaire. Ils n'ont été délivrés qu'après la prise
du Prince. Ils n'ont donc pu donner des ordres; le
lieutenant-colonel du quarante-sixième n'a pu comman-
der à son régiment de résister au Prince puisqu'il
n'était pas encore à la caserne quand le Prince fut
pris, et lorsque dans ce conflit de circonstances chacun s'est empressé de ressaisir le pouvoir et de se
parer de la gloire d'une résistance qui n'a pu avoir
lieu, on n'avait plus rien à combattre puisqu'un

malentendu venait de détruire le prestige qui seul faisait notre force, force incalculable qui, bien appréciée, ôte à une entreprise hardie le caractère de folie qu'on a voulu y reconnaître. Eh bien, cette conquête entreprise avec une force toute morale a eu son commencement d'exécution et une réussite entière, absolue. Un général, un colonel, des officiers ne peuvent rien contre le sentiment des masses et l'enthousiasme du seul régiment qui a compris qu'il avait devant les yeux un Napoléon, un neveu de l'Empereur; l'enthousiasme des citoyens accourus pour mêler leurs cris aux acclamations du régiment a suffi pour nous montrer que malgré généraux et préfets, le reste de la France eut fait comme eux et que l'acte hardi du prince Napoléon, loin d'être un coup de tête, montre au contraire une connaissance approfondie des sentimens de l'armée et du peuple français envers le nom qu'il porte. C'est une puissance révélée à tous ceux qui ont été témoins des évènemens de Strasbourg.

Si la France se montre satisfaite des lois qui la régissent, si la paix intérieure se consolide sous la dynastie d'Orléans, le prince Napoléon s'est trompé et il en porte la peine. Mais le mécontentement des partis, ces mouvemens partiels et répétés, précurseurs des révolutions, continuent à se grossir et à éclater;

on regrettera que le succès n'ait pas couronné l'entreprise d'un Prince dont le noble caractère, dont le nom populaire assuraient à la France tout à-la-fois l'ordre, la gloire et la liberté.

www.ingramcontent.com/pod-product-compliance
Lightning Source LLC
LaVergne TN
LVHW022031080426

835513LV00009B/987